DE LA

CONSCRIPTION DES CHEVAUX

(LOI DU 1ER AOUT 1874)

PAR

G. THUBÉ

Substitut à Saint-Brieuc.

EXTRAIT DE *LA FRANCE JUDICIAIRE*

PARIS

A. DURAND et PEDONE-LAURIEL, Éditeurs,

LIBRAIRES DE LA COUR D'APPEL ET DE L'ORDRE DES AVOCATS

9, rue Cujas (anc. rue des Grès)

1877

DE LA

CONSCRIPTION DES CHEVAUX

(LOI DU 1ER AOUT 1874)

PAR

G. THUBÉ
Substitut à Saint-Brieuc.

EXTRAIT DE *LA FRANCE JUDICIAIRE*

PARIS
A. DURAND et PEDONE-LAURIEL, Éditeurs,
LIBRAIRES DE LA COUR D'APPEL ET DE L'ORDRE DES AVOCATS
9, rue Cujas (anc. rue des Grès)

1877

DE LA

CONSCRIPTION DES CHEVAUX

(LOI DU 1ER AOUT 1874)

La loi du 1er août 1874, relative à la conscription des chevaux, fait naître des questions d'interprétation qui sont déjà fort controversées et qui divisent la jurisprudence. Son application devient fréquente, et, parmi les lois militaires nouvelles qui se rapportent aux obligations du pays en temps de paix et en temps de guerre, il n'en est guère de plus importante. Aussi nous semble-t-il intéressant d'examiner les diverses solutions données aux difficultés que l'on soulève et d'indiquer dans quelles conditions a été créée la loi dont nous allons nous occuper.

La loi organique du 24 juillet 1873 sur l'armée prescrivait que les chevaux et mulets propres au service seraient recensés chaque année et répartis d'avance dans chaque corps d'armée (art. 5), et qu'une loi spéciale déterminerait le mode d'exécution de la réquisition qui pourrait être faite, en cas de mobilisation des animaux recensés (art. 25). Cette loi spéciale réglant les trois opérations dont l'idée première est déposée dans la loi organique — recensement, classement, mobilisation — est précisément la loi que nous étudions. Sa nécessité semblait si évidente à l'Assemblée nationale que, sans attendre le dépôt par le Gouvernement du projet de loi annoncé par l'art. 25, M. de Mornay formulait une proposition dont l'esprit, le but et le texte même étaient, d'une manière générale, conformes au projet soumis peu après à l'Assemblée nationale par le Ministre de la Guerre [1].

Le rapporteur de ces deux projets, identiques en la forme et au fond, indique très-nettement le résultat que l'on veut atteindre : « Il faut pourvoir aux nécessités impérieuses de la mobilisation »..... « Cette nécessité s'impose avec d'autant plus de force aujourd'hui que les masses mises en

1. *Jour. off.* des 11 et 12 février 1874 ; — Annexe nº 2196, projet de loi de M. le marquis de Mornay.

mouvement au début d'une guerre étant plus considérables que jamais, et leurs opérations plus rapides, il est impossible de songer à accumuler à l'avance et à entretenir, en temps de paix, tout ce qui leur est indispensable, de même qu'il importe de préparer ces réquisitions et d'en rendre l'exécution pour ainsi dire instantanée..... » Puis, constatant combien la législation sur le droit de réquisition de l'État était mal définie, l'honorable rapporteur dit « qu'il convient de pourvoir aux besoins actuels de l'armée et de remplacer une législation douteuse par une *doctrine fixe et durable*[1]. »

L'exposé des motifs des projets du Gouvernement n'est pas moins explicite que le rapport : « le Gouvernement a cru que le texte de loi à préparer sur la réquisition devait commencer par déterminer les conditions spéciales du classement des chevaux et mulets, en complétant même, sur certains points, l'article 5 de la loi du 24 juillet 1873, en ce qui concerne le recensement, de manière à former sur la matière un ensemble de dispositions légales dérivant logiquement les unes des autres et *capables de produire tous les résultats qu'on doit en attendre, en prévenant autant que possible tout prétexte de résistance à leur application*[2]. »

Ainsi, ce qu'il s'agit d'obtenir avant tout, en présence des nécessités modernes de la guerre et de la rapidité prodigieuse de mobilisation de tous les services des armées contemporaines, c'est l'obéissance sans murmure, *sans résistance*, aux lois destinées à sauvegarder la nation contre les entreprises des ennemis, à assurer la prompte mobilisation de l'armée, et, pour parvenir à ce but, en ce qui concerne la mobilisation des chevaux, aussi importante que celle des soldats, on édicte une loi « qui préviendra tout prétexte de résistance à son application. »

L'économie de la loi du 1er août 1874 peut se résumer ainsi : fournir à l'armée, en temps de guerre, le nombre de chevaux suffisant pour le fonctionnement rapide et complet de ses services ; préparer, en temps de paix, cette répartition des animaux, selon leurs aptitudes, entre les divers corps d'armée ; organiser le mode de passage du pied de paix au pied de guerre : « prévenir tout prétexte de résistance » en édictant des pénalités contre la négligence ou la mauvaise volonté. En d'autres termes, la loi réglemente trois opérations indispensables au but que l'on cherche, le recensement (art. 1), le classement (art. 2, 3, 4, 5, 6), la mobilisation (art. 7, 8, 9, 10, 11, 12), et elle attache des peines à la violation des règles qu'elle impose (art. 13, 14).

Il n'entre pas dans notre dessein d'étudier ici le fondement du droit de réquisition de l'État en temps de guerre ou en vue de l'état de guerre et les réglementations successives dont il a été l'objet en France depuis

1. *Jour. off.* du 13 août 1874; Annexe n° 2608.
2. *Jour. off.* du 8 juillet 1874; — Annexe n° 2743.

Charles VII; non pas que cette étude soit dépourvue d'attrait, mais elle nous entraînerait plus loin qu'il ne convient et, surtout, elle n'éclairerait nullement les débats que suscite la loi du 1er août 1874; nous nous contenterons de citer, à titre de documents historiques, et en y renvoyant les lecteurs qui voudraient approfondir cette étude, divers actes législatifs ayant les dates les plus différentes : l'édit de Louis XI de 1467, les nombreux règlements de Louis XIV, la loi du 20 avril 1792, les innombrables lois ou décrets rendus de 1793 à 1796, et enfin les décrets du gouvernement de la Défense nationale.

I

La question la plus grave que l'on soulève est relative au classement des chevaux et mulets recensés, organisé par l'article 2 qui est ainsi conçu :

« Chaque année, à des jours indiqués d'avance, des commissions mixtes, désignées dans chaque région par le général commandant le corps d'armée, procèdent autant que possible dans chaque commune, en présence du maire, à l'inspection et au classement des chevaux, juments, mulets et mules recensés. »

On prétend que la sanction générale de l'article 13 dont voici les termes : « Les propriétaires de chevaux, juments, mulets ou mules qui ne se conforment pas aux dispositions de la présente loi, sont passibles d'une amende de 50 fr. à 1,000 francs, » ne saurait s'appliquer aux propriétaires qui ne conduisent pas leurs animaux devant les commissions chargées du classement en vertu de l'article 2 précité, et on formule ainsi cette thèse : « Les obligations des propriétaires, en ce qui concerne le classement annuel des chevaux, n'ayant pas été réglées et définies par l'article 2 de la loi du 1er août 1874, sont au nombre des détails d'exécution auxquels l'article 14 de la même loi dit qu'il sera ultérieurement pourvu. En conséquence, la sanction pénale de l'article 13 de la loi du 1er août 1874 demeure, quant à présent, inapplicable à l'égard des opérations de classement des chevaux[1]. »

L'article 2, dit-on, ne vise que les commissions, leur organisation, leur fonctionnement, leurs obligations et celles du maire : il est absolument muet sur les devoirs des propriétaires des animaux : quel est le texte qui leur prescrit de conduire leurs chevaux devant les commissions, leurs obligations ne sont pas nettement définies par l'article 2; comment, dès lors, appliquer une sanction pénale à des devoirs qui ne sont pas expressément écrits dans la loi? Voilà, si nous ne nous trompons, le raisonnement que l'on fait à l'appui du système exposé ci-dessus et qui est développé dans un jugement du Tribunal de Nevers du 27 septembre 1876.

Lorsque l'on envisage dans son ensemble ce système, on s'aperçoit qu'il découle d'une théorie générale, de la théorie de Beccaria, qui veut

1. Voir *La France judiciaire*, 2e partie, page 51, le jugement du tribunal de Nevers.

qu'en matière pénale l'interprétation soit toujours et nécessairement littérale. Il convient d'ajouter que ses partisans prétendent que cette théorie est plus opportune que jamais et qu'ils invoquent, comme fort approprié aux circonstances, ce passage de Montesquieu : « Dans les États despotiques, il n'y a point de lois : le juge est lui-même sa règle. Dans les États monarchiques, il y a une loi ; et là où elle est précise, le juge la suit; là où elle ne l'est pas, il en cherche l'esprit. Dans le gouvernement républicain, il est de la nature de la constitution que les juges suivent la lettre de la loi. Il n'y a point de citoyen contre qui on puisse interpréter une loi, quand il s'agit de ses biens, de son honneur ou de sa vie[1]. »

Est-il besoin de faire ressortir combien ces distinctions sont plus ingénieuses que vraies et réelles? Beccaria, dont nous aimons à invoquer l'autorité parce qu'il a puissamment contribué à mettre au jour les principes généraux qui constituent la base du droit pénal moderne, Beccaria, le défenseur de l'interprétation judaïque, a pris soin lui-même de montrer l'inanité et la fausseté de ces distinctions. Quoi qu'on fasse, la vieille querelle de l'interprétation juridique des textes en matière pénale est vidée aujourd'hui, et, s'il est vrai que le magistrat, se trouvant en présence d'une disposition ambigüe, ne prescrivant pas nettement une obligation ou n'édictant pas formellement une prohibition, doit s'abstenir de frapper un citoyen, les plus éminents criminalistes contemporains reconnaissent que c'est un devoir pour le juge criminel de s'inspirer de l'esprit du législateur et de placer le sens clair, logique, réel du texte au-dessus de la subtilité grammaticale.

Ces principes incontestables apparaissent à chaque page des *Études sur le Code pénal* de M. Blanche, et ils sont magistralement développés dans les ouvrages de M. Faustin Hélie qui les résume ainsi dans son *Introduction aux leçons de droit criminel par Boitard :* « Le langage des sciences morales est imparfait, et la rédaction de la loi pénale, par cela seul qu'elle tend à généraliser ses formules, manque de précision. Faut-il s'arrêter à chaque disposition, à chaque période, parce qu'une expression est vague, équivoque, susceptible de plusieurs significations? Faut-il attendre, à chaque ombre de la loi que le législateur l'ait dissipée?..... Il est évident que la loi pénale ne peut vivre que par le travail d'une interprétation scientifique qui rapproche et coordonne ses termes, qui explique ses locutions obscures, qui dégage ses maximes et assure leur étendue. » — Et plus loin : — « L'intepprétation pénale doit être purement déclarative, c'est-à-dire que sans rien ajouter ni retrancher aux textes, elle doit se borner à déclarer le sens qui s'y trouve virtuellement renfermé. »

Nous insistons sur ces règles parce qu'elles sont les bases de toutes les solutions des difficultés en matière pénale, et spécialement de celle que nous proposons sur l'article 2 de la loi : ne les perdons pas de vue et appliquons-les à l'interprétation de cet article : recherchons, suivant les expres-

1. *Esprit des Lois*, livre VI, chap. III.

sions de M. Faustin Hélie, *le sens qui s'y trouve virtuellement renfermé.*

Le texte de la loi du 1er août 1874 dit que des commissions doivent procéder au classement des chevaux; or cette opération ne peut se faire que de l'une ou de l'autre de ces manières : ou bien les commissions se transporteront au domicile des propriétaires, ou bien les propriétaires conduiront leurs chevaux devant la commission. Il faut choisir.

Avant de peser la valeur de chaque membre de phrases de l'article 2, n'est-il pas manifeste, à la première lecture, que le législateur n'a eu en vue et n'a pu avoir en vue que la seconde branche du dilemme? Le bon sens seul nous indique qu'il est, en effet, matériellement impossible de contraindre les commissions, accompagnées des maires, à parcourir les hameaux, les villages, les fermes isolées — fort éloignées souvent les unes des autres — qui composent les agglomérations communales? Exiger ces transports serait anéantir entièrement la loi du 1er août 1874 et proclamer que le législateur a édicté, dans l'article 2, une disposition absurde, puisqu'elle serait inexécutable. Faites lire cet article à une personne douée d'une intelligence ordinaire, et demandez-lui comment on doit l'entendre, quel parti il faut prendre, qui doit se déplacer, les commissions ou les propriétaires? Il nous paraît certain qu'elle répondra que l'interprétation, conforme à la raison et à la nécessité des choses, consiste à obliger les propriétaires à présenter leurs chevaux devant les commissions.

La discussion de la loi qui, souvent, jette une si vive lumière sur les obscurités des textes, n'éclaire, en quoi que ce soit notre question. Aucun débat n'a eu lieu sur l'article 2 ou sur l'article 13; l'exposé des motifs ne fait que répéter, sans commentaires, ces deux articles. Mais il est impossible de lire la partie du rapport qui concerne l'article 2 sans être frappé du silence du rapporteur sur les devoirs des propriétaires des chevaux et mulets et sur ceux des commissions; pas une ligne, pas un mot à cet égard. Quoi! personne à l'Assemblée nationale, dans la commission, ni le ministre, ni le rapporteur, ne se préoccupe de l'obscurité du texte, *des résistances probables des propriétaires* dont on ne va pas indiquer clairement les devoirs? On ne s'est pas contenté cependant de fixer d'une manière générale la composition des commissions, l'autorité qui les nommerait, leur but : on a prescrit la présence des maires, on s'est demandé si on opérerait dans chaque canton ou dans chaque commune, on est entré dans des détails minutieux, et personne n'a exprimé des doutes sur l'obligation de déplacement des animaux recensés? Non. Dans son rapport très-complet, très-étudié, l'honorable M. de Carayon-Latour, reproduisant les impressions et les discussions de la commission, n'est préoccupé que d'un point : le travail considérable qui va être imposé aux commissions; « le nombre des communes dépasse 36,000 : pour faire un travail de classement en temps utile, les commissions atteindront un chiffre minimum de 700, ce qui exigerait le déplacement de plus de 2,000 officiers »; il demande, en conséquence, l'introduction de l'élément civil dans les commissions, afin de restreindre le nombre des officiers détachés de leurs régiments. Que conclure de ce silence complet à l'égard des obligations des propriétaires? Pour le rapporteur, organe de la commission, aucun doute sur la nature des charges, imposées à la population par l'article 2, n'était possible : le devoir des propriétaires lui semblait si manifestement écrit dans cet article qu'aucun débat ne lui paraissait pouvoir être soulevé à cet égard. Voilà, à notre avis, l'enseignement qui ressort de la lecture de ce document législatif; ses conséquences sont les mêmes que celles que nous tirions de l'examen général de l'article : elles obligent les propriétaires à conduire leurs chevaux au lieu désigné pour l'inspection.

Aussi le Tribunal de Nevers, dans son jugement du 27 septembre, avec les partisans de sa doctrine, reconnaît bien « que les obligations des propriétaires peuvent être déduites par voie de conséquence de l'article 2, *comme s'y trouvant implicitement contenues;* » mais il déclare « que les sanctions pénales ne pouvant s'appliquer qu'à l'omission d'obligations EXPLICITEMENT et clairement définies, » il n'y a pas lieu de tenir compte de l'article 2[1]. Voilà l'argument unique.

Affirmer que les pénalités ne s'appliquent qu'à des obligations *clairement* définies nous paraît juridique et rationnel; mais il nous semble que c'est aller trop loin et singulièrement exagérer la rigueur du texte criminel que d'exiger que ces obligations soient *explicitement* exprimées. Qu'importent la tournure de phrase, les termes d'une prescription, si elle renferme clairement une obligation? Quoi! Lorsqu'une loi exprimera *clairement* mais *implicitement* sa volonté, les Tribunaux devront ne pas l'appliquer? Mais alors il faudrait ne tenir aucun compte de l'interprétation des textes de nos lois criminelles, donnée chaque jour par la doctrine et la jurisprudence. On n'explique, on n'interprète que ce qui n'est pas évident; à quoi bon interpréter un texte, puisque, s'il renferme la moindre difficulté, on doit le rejeter purement et simplement? N'oublions pas les principes exposés par M. Faustin Hélie que nous avons rappelés plus haut, et disons que les sanctions doivent s'appliquer à toutes les obligations créées par la loi, qu'elles soient *implicitement* ou *explicitement* désignées, pourvu qu'elles le soient clairement.

Si nous examinons de plus près l'article 2, nous allons trouver deux membres de phrases qui révèlent manifestement les obligations des propriétaires des chevaux et qui, dans le système que nous combattons, ne s'expliquent pas, n'ont aucun sens, aucune signification : d'ailleurs les adversaires, se renfermant dans la thèse générale de l'interprétation littérale, ne cherchent même pas à justifier la présence, dans l'article, de ces deux phrases; il convient cependant d'en déterminer la portée.

« Chaque année, *à des jours indiqués à l'avance,...* les commissions procèdent au classement etc..... » (art. 2). Qu'est-ce à dire? Si les dates des

1. Voir ce jugement, *La France judiciaire*, 2e partie, page 51.

passages des commissions sont « indiquées à l'avance », c'est évidemment pour que tous les intéressés, réunis ces jours-là au même lieu, soient prêts à soumettre leurs chevaux ou mulets à l'inspection et au classement : c'est une mise en demeure d'avoir à se conformer aux dispositions de l'article 2, c'est-à-dire d'avoir à conduire leurs animaux, aux jours indiqués, devant qui de droit. Ou bien ces mots : « à des jours indiqués à l'avance », entraînent avec eux l'idée nécessaire d'une convocation générale des propriétaires d'animaux recensés, à une date déterminée en même temps qu'à un endroit déterminé ou bien ils ne veulent rien dire. Nous ne nous arrêtons pas, en effet, à cette hypothèse, consistant à affirmer que chaque propriétaire devra être avisé d'avance du jour où la commission se rendra dans ses écuries pour inspecter ces chevaux ou mulets, que telle est la manière de concilier cette phrase avec le déplacement des commissions; cette solution, il faut l'avouer, ne supporte pas l'examen : nous avons déjà indiqué l'impossibilité du transport des commissaires dans chaque ferme, dans chaque village : se figure-t-on l'obligation pour ces commissions d'indiquer d'avance à chacun des intéressés le jour où elles se rendront à son domicile? Il nous suffit de signaler cette obligation que l'on voudrait imposer aux commissions pour montrer ce que vaut l'hypothèse : nous le répétons, l'indication d'avance d'une date impose par là même le devoir aux propriétaires de déplacer leurs animaux.

Mais ce n'est pas tout. L'article 2 ajoute à ces mots « à des jours indiqués à l'avance » ceux-ci *autant que possible dans chaque commune*. Il n'est pas indifférent de remarquer que cette phrase n'existait pas dans le projet du gouvernement qui, pour rendre la loi le moins onéreux possible, voulait qu'on opérât dans chaque commune; ce fut sur les observations du rapporteur montrant la difficulté de constituer, dans certains cas, 700 commissions, qu'on l'a introduite pour répondre à des nécessités éventuelles; il peut arriver, en effet, qu'on ait besoin de garder les officiers sous les drapeaux, de restreindre par suite et nécessairement le nombre des commissions : dès lors, afin d'éviter des retards regrettables dans les opérations de classement, chaque commission pourra comprendre dans une inspection unique, au chef-lieu de canton, par exemple, plusieurs communes dans lesquelles elle eut été obligée de se rendre sans la faculté nouvelle qu'on leur donne. Cette remarque n'est pas inutile, car elle confirme ce que nous disions des conclusions à tirer du rapport qui, à notre avis, ne met pas en doute les devoirs des propriétaires : il résulte, en effet, de cette introduction de la phrase « autant que possible », à la suite des discussions de la commission législative, que, pour le rapporteur, pour le gouvernement, pour l'Assemblée nationale qui ne font aucune objection, les commissaires ne sont pas tenus d'aller dans chaque commune; ils ne s'y rendent que si les nécessités du service le permettent; ils peuvent concentrer leurs opérations, ils peuvent passer l'inspection, procéder au classement dans un autre endroit qu'au chef-lieu de la commune. Puisqu'il en est ainsi, le devoir, clairement indiqué, pour les propriétaires des chevaux, consiste à conduire ces chevaux *aux jours indiqués d'avance*, *au lieu désigné* devant les commissions.

C'est là ce que la Cour de cassation a décidé, dans un arrêt du 22 avril 1875, rendu sur les conclusions de M. l'avocat général Bédarrides et ce qu'elle exprime ainsi : « Attendu qu'il résulte des termes de l'article 2 qu'en procédant à son opération annuelle d'inspection et de classement, laquelle doit atteindre toutes les têtes d'animaux recensés, à moins d'une exception légale, la commission n'est tenue de se rendre dans chaque commune que si la chose est possible; que l'obligation, pour les propriétaires, du déplacement de leurs animaux découle nécessairement de cette disposition; que le législateur a voulu, autant qu'il a été en lui, ne pas rendre cette nécessité trop onéreuse au propriétaire, en fixant autant que possible, le lieu de la réunion de la commission dans chaque commune; mais qu'il n'a pas voulu et n'a pas pu vouloir imposer à la commission l'obligation absolument inexécutable, d'inspecter et de classer les animaux en se transportant aux domiciles des divers assujettis; que prêter un tel sens à la loi, ce serait la supprimer, en la dépouillant de tout moyen d'exécution et de toute efficacité [1]. »

Et maintenant, si l'on n'admet pas que la sanction de l'article 13 s'applique à l'infraction que nous prétendons être écrite dans l'article 2, les termes de l'article 3 qui visent la violation de *plusieurs* dispositions ne se comprennent plus. Parcourons, en effet, les diverses infractions prévues par la loi : les fausses déclarations sont punies d'une amende particulière (art. 13, § 2); la désobéissance à l'article 7 est frappée par l'article 12 d'une pénalité spéciale ; enfin ceux qui ne se conforment pas à l'article 2 et à l'article 1 sont punis par l'article 13, § 1. Voilà les quatre infractions prévues par la loi, et nous ne croyons pas qu'il y en ait d'autres. Si donc on refuse de voir, dans l'article 2, la dernière contravention que nous signalons, que veut dire l'article 13, § 2? A *quelles* infractions se réfère-t-il? Ce n'est ni à l'article 13, § 2, ni à l'article 7, puisque tous deux sont pourvus de sanctions spéciales; ses termes généraux comprenant au moins deux infractions, s'appliquent donc et à l'article 1 et à l'article 2. L'article 13, dans le système adverse, serait nécessairement une sanction qui ne se rattacherait à aucune obligation, un véritable non-sens, une erreur législative?

Quelques-uns des auteurs de la thèse que nous combattons comprennent bien qu'ils ruinent absolument la loi du 1er août 1874 et qu'ils méconnaissent les intentions du législateur, qui veut prévenir « tout prétexte de résistance » et « remplacer une législation douteuse par une doctrine fixe et durable », indiquent un moyen de rendre efficace la sanction, à leur avis, stérile de l'article 13 : c'est de réglementer les obligations des propriétaires des chevaux par un décret rendu en vertu de l'article 14. Nous ne saurions partager cette opinion; sans parler de l'inutilité de cet acte qui ne ferait que dire explicitement ce qui est écrit implicitement dans l'article 2, nous nous

1. *Bullet. crim.* Cass. 1875, n° 138.

demandons si ce décret réglementerait *des détails d'exécution* et n'outrepasserait pas les conditions dans lesquelles il pourrait être rendu. Serait-il possible, en effet, de considérer les obligations dont il est question comme des « détails d'exécution » qui seuls peuvent faire l'objet du décret (art. 14). Il nous paraît au contraire qu'elles sont une des bases les plus importantes de la loi, puisque, sans elles, elle n'existerait pas, et nous ne croyons pas que le législateur ait entendu s'en rapporter sur ce point fondamental aux prescriptions ultérieures d'un simple décret. Ou les obligations des propriétaires sont imposées par l'article 2 ou elles ne le sont pas : si elles le sont, à quoi bon un décret? Si elles ne le sont pas, un simple décret, qui ne peut s'occuper, aux termes de notre loi, que « de détails d'exécution, » ne pourrait créer une charge aussi onéreuse pour les populations.

En terminant l'examen de cette question, nous reconnaîtrons volontiers qu'il eût été préférable de formuler le texte de l'article 2 dans un langage et dans une forme plus juridiques, plus corrects; mais, quelle que soit sa rédaction, ce texte existe : sa nécessité impérieuse, son importance évidente, frappent tous ceux qui étudient attentivement la loi et qui sont pénétrés des intentions du législateur. Aussi la jurisprudence se fixe-t-elle d'une manière de plus en plus ferme dans le sens que nous avons indiqué et décide-t-elle, en général, que la loi du 1er août 1874, par son article 2, impose virtuellement, sinon par une disposition expresse, au propriétaire des chevaux ou mulets recensés l'obligation de déplacer ces animaux et de les présenter devant la commission chargée de l'inspection et du classement[1].

Une seconde question, a été soulevée sur l'infraction prévue par l'art. 2 de la loi du 1er août 1874. On s'est demandé quelle est sa nature : est-ce un délit? est-ce une contravention?

Pour savoir si un fait incriminé constitue un délit intentionnel ou bien un délit matériel, existant par cela seul que l'acte punissable a été accompli, on ne saurait choisir de règle plus rationnelle que celle indiquée par

1. En ce sens : Crim. Cass. *Bull.* 1875, n° 130 — Cour Toulouse, 16 avr. 1875, D. P., 1875, 2e, 238 — Cour Agen, 5 et 19 juill. 1876, D. P. 1876, 2e, 149 et 150 — Cour Rennes, 5 juill. 1876, trois arrêts inédits dont les motifs sont identiques et dont les termes sont ainsi conçus :

« Attendu que l'art. 2 impose à tous les propriétaires de chevaux, âgés de plus de six ans, l'obligation de les soumettre à l'inspection de la commission mixte qui se réunit chaque année, à des jours indiqués à l'avance, dans chaque commune, autant que possible, et en présence du maire.

» Attendu que la peine attachée par l'art. 13 de ladite loi à l'infraction de cette prescription est applicable à tous les propriétaires de chevaux, régulièrement avertis par l'autorité administrative du jour où la commission se réunit et qui, mis ainsi en demeure de présenter leurs chevaux, n'ont pas obéi à cette notification.

. . . .

» Par ces motifs, faisant droit à l'appel de M. le Procureur de la République à Saint-Malo, infirme le jugement frappé d'appel, condamne, etc..... » — *Contrà*, Trib. de Nevers, 27 sept. 1876, (*La France judiciaire*, 2e partie, page 51).

M. Blanche et résumée par lui en ces termes « quant aux faits punis de peines correctionnelles, il faut distinguer entre ceux qui appartiendront au Code pénal et ceux qui lui seront étrangers. Les premiers seront infailliblement des délits. Quant aux seconds, il faudra en étudier la nature intrinsèque et rechercher la volonté de la loi spéciale qui les réprime, pour savoir s'ils constituent des délits ou s'ils ne sont que des contraventions[1]. »

Nous avons exposé, au début de ces notes, quel était le but de la loi du 1er août 1874, quelle était sa volonté nettement exprimée dans les travaux préparatoires : il est inutile de revenir sur ce sujet; rappelons-nous seulement qu'on veut surtout « enlever tout prétexte de résistance à son application » et la faire pénétrer profondément dans les mœurs du pays. Or, quel moyen plus pratique pour obtenir ces résultats que celui qui consiste à donner à la loi un caractère contraventionnel? La répression devient alors certaine : elle atteint tous ceux qui désobéissent aux prescriptions légales, abstraction faite de toute question d'intention ou de fraude, et quelle que soit la cause de l'infraction : chaque contrevenant est atteint à coup sûr, et ne saurait être admis à administrer les preuves de sa bonne foi, de son oubli, de son erreur, de son ignorance de ses devoirs, preuves dont l'appréciation est souvent si délicate et si difficile pour le juge. Le législateur n'avait pas besoin d'ailleurs de proclamer expressément qu'à raison de l'importance de sa loi, de sa nécessité, de la fécondité des résultats qu'il en attend, il veut « enlever *tout prétexte* de résistance à son fonctionnement » : l'examen de la nature intrinsèque de son œuvre suffit amplement pour révéler que, dans son ensemble et sauf une exception, elle crée des délits contraventionnels. C'est une loi militaire qui complète la législation relative à l'organisation de notre armée, qui crée, en ce qui concerne les chevaux et mulets, des obligations à peu près semblables à celles que la nécessité des choses a fait imposer aux citoyens en vue du salut public : c'est pour cela qu'on lui a donné le nom de loi relative à la « conscription » des chevaux, de même que la loi du 27 juillet 1872 détermine les conditions de « conscription » et de recrutement des citoyens. Ces deux lois, dont l'analogie est manifeste et qui aggravent les charges pesant déjà sur le pays, ont dû nécessairement imposer des devoirs nouveaux et analogues, soit aux propriétaires des chevaux, soit aux hommes assujettis au service militaire ; en effet si on parcourt la loi du 27 juillet 1872 (art. 31, 33, 34, 59), on remarque, par exemple, que les hommes faisant partie de la réserve de l'armée active sont tenus, sous certaines sanctions, de déclarer leurs changements de domicile. Quelle est la nature de l'infraction à cette disposition? Nous ne savons pas qu'un doute se soit élevé à cet égard, chacun reconnaît qu'il y a là une véritable contravention exclusive de tout examen d'intention; par le fait seul qu'un homme appartenant à la réserve de l'armée active a changé de domicile sans faire la déclaration réglementaire, quelle que soit la cause de sa désobéissance à la loi, cet homme contrevient à ses

1. BLANCHE. *Études pratiques*, T. I, n° 6.

prescriptions et devient passible des pénalités édictées par elle. Pourquoi, voit-on dans cette infraction une contravention plutôt qu'un délit? C'est évidemment à raison de la nature même de la loi, de la volonté du législateur qui, en matière militaire, réclame une obéissance absolue au-dessus de « tout prétexte de résistance », et enfin du rapport frappant qui existe, au point de vue juridique, entre sa prescription et celles qui concernent les matières de simple police, les forêts, les chemins de fer, les contributions indirectes, le roulage, etc....

Sauf de très-rares exceptions, les faits incriminés par notre législation sur toutes les matières que nous venons de citer n'intéressent en quoi que ce soit la moralité de l'agent et laissent son honneur absolument intact. Toutes ces lois ne sont que des règles d'ordre exigées par les besoins de la civilisation, les industries nouvelles, les travaux chaque jour plus considérables, etc.... ce sont des règlements, dans le sens grammatical du mot, dont les injonctions sont purement matérielles. N'en est-il pas de même de l'obligation imposée aux réservistes de déclarer leurs changements de domicile? N'est-ce pas une injonction matérielle, ne touchant en rien à la moralité de celui qui y désobéit? Nous avons donc raison de montrer les rapports qui existent entre cette contravention et toutes celles prévues par nos lois, et si nous rapprochons les unes des autres l'infraction des réservistes signalée ci-dessus, notre infraction à l'article 2 de la loi sur la conscription des chevaux et les infractions aux lois fiscales, forestières, sur les chemins de fer, sur la chasse, nous remarquons que toutes ont la même nature, la même apparence, pour ainsi dire, et qu'elles constituent toutes des désobéissances *matérielles* à des injonctions qui ne sont nullement inspirées par la loi morale, mais exclusivement par le besoin des règles d'ordre nécessaires aux sociétés policées.

L'analogie des infractions des hommes de la réserve qui ne font pas les déclarations légales et de celles des propriétaires qui ne conduisent pas leurs chevaux devant les commissions de classement nous semble complète, et il nous est impossible de comprendre le système qui consisterait à soutenir que la première de ces désobéissances constitue bien une contravention et que la seconde est au contraire un délit. Quelle serait la raison de cette distinction? Sur quels arguments pourrait-on se fonder pour l'établir?

Ainsi l'étude générale de la loi, de sa nature, de son but, de sa volonté, l'analogie qui existe entre elle et celle du 27 juillet 1872, nous conduisent à conclure que, dans son ensemble, la loi du 1er août 1874 a un caractère contraventionnel et que, spécialement, l'infraction prévue par l'article 2 constitue une contravention. Cette conclusion, obtenue à l'aide des procédés indiqués par M. l'avocat général Blanche, devient encore plus certaine lorsqu'on examine les détails de la loi et sa rédaction.

D'une manière générale, l'on peut dire que lorsque le législateur a exigé comme constitutive d'une infraction l'intention coupable et a fait, par suite, de cette infraction un délit, il s'est servi des mots ou expressions « sciemment, volontairement, méchamment, frauduleusement, avec connaissance; » cette observation, déjà faite par M. Villey, professeur agrégé à la Faculté de Caen[1], s'applique non-seulement à l'ensemble de nos lois pénales, mais plus spécialement aux lois votées par l'Assemblée nationale qui semble s'être préoccupée d'une manière particulière de la portée de ces expressions dans les lois[2]; en les examinant, on trouve en effet les mots *sciemment*, *volontairement* etc., insérés dans les textes créant des délits intentionnels, ou bien, dans certains cas, lorsque ces mots ne sont pas inscrits, le législateur explique lui-même pourquoi, demandant l'intention coupable, il lui a paru inutile de le dire expressément; s'il s'agit au contraire d'une contravention, le texte ne renferme aucun mot, aucune phrase exprimant l'idée d'intention coupable. Or, où trouvons-nous, soit dans l'article 2, soit dans l'article 7, soit dans l'article 12, soit dans l'article 13 § 1, un mot indiquant la volonté de la loi de créer un délit? Tous ces textes ne contiennent que des injonctions *matérielles* qui doivent être exécutées matériellement. Et qu'on n'objecte pas que c'est par mégarde que le législateur n'a pas introduit une expression indiquant l'intention coupable. Le § 2 de l'article 13 renferme le mot « sciemment » et crée par suite un délit : comment supposer, dans ces conditions, un oubli? Dans le même article, divisé en deux paragraphes, nous sommes en présence, dans le § 1, d'une injonction matérielle : « ceux qui ne se conforment pas aux dispositions » ; dans le § 2, d'une prescription exigeant l'intention coupable : « ceux qui auront fait sciemment de fausses déclarations » ; il y a là une opposition de dessein, dans la loi, si nette, si tranchée qu'elle constitue un argument irréfutable, renversant l'hypothèse toute gratuite d'une omission du législateur, en même temps qu'elle prouve, aussi clairement que possible, que, dans la loi du 1er août 1874, toutes les infractions à ses dispositions, c'est-à-dire aux articles 2 et 7, sont des contraventions, tandis que l'infraction au § 2 de l'article 13 constitue un délit.

Ainsi donc, quel que soit le point de vue auquel on se place, qu'on examine le but de la loi, l'intention du législateur, la nature de ses dispositions, la forme de ses textes, on arrive forcément à notre conclusion, et nous ajoutons qu'il est rare d'avoir à sa disposition, dans la loi même, l'argument si saisissant que nous signalions en dernier lieu. Tenons donc que la loi relative à la conscription des chevaux a, en général, et sauf l'exception de l'article 13, § 2, un caractère contraventionnel. C'est là ce que la Cour de cassation[3] vient de décider dans son arrêt du 1er décembre 1876 par ce considérant : « Attendu que l'article 13 de la loi du 1er août 1874 frappe d'une amende, dans son § 1, quiconque ne se conforme pas à la loi, sans distinction, tandis qu'il ne punit dans son § 2 ceux qui ont fait de fausses déclarations qu'autant qu'ils les ont faites sciemment; qu'il résulte encore

1. De l'intention en matière pénale, *France judiciaire* du 1er nov. 76, 1re partie, pag. 3.

2. Voir notamment la discussion de la loi du 26 juillet 1873 sur les fraudes dont sont l'objet les aubergistes et les cafetiers; — Exposé oral du rapporteur, séance du 3 juillet 1873; — Discussion : *Jour. off.*, 31 mai, 4 et 27 juin 1873.

3. Voir cet arrêt dans la *France judiciaire* du 15 janvier 1877, 2e partie, page 169.

du rapprochement de ces deux paragraphes que les faits auxquels le premier s'applique sont punissables lors même que leurs auteurs n'ont pas agi sciemment..... » Les Cours d'appel n'ont pas résolu explicitement la question que nous venons d'examiner, mais il résulte implicitement de leurs arrêts, basés sur un principe étranger à la loi du 1er août 1874 et que nous allons discuter que l'on est bien fondé à alléguer et à prouver son ignorance de l'acte administratif rendu en conformité et pour l'exécution de l'article 2, acte indiquant les dates des passages des Commissions de classement : les Cours admettent donc l'excuse tirée de l'ignorance et de la bonne foi, d'où il résulte nécessairement qu'elles considèrent l'infraction à l'article 2 comme un délit intentionnel[1].

Nous venons de montrer que, par une voie indirecte mais nécessaire, la jurisprudence des cours permettait de voir un délit dans l'infraction à l'article 2 et qu'elle se basait sur un principe général, en dehors de la loi spéciale du 1er août 1874. Ce principe nous semblait erronné, contraire aux bases de notre droit administratif, et il nous paraissait que si son application devenait générale, non-seulement l'interprétation de la loi relative à la conscription des chevaux, mais encore celle d'une foule de lois et décrets créant des contraventions allait être absolument faussée : la force obligatoire des arrêtés administratifs était suivant nous, méconnue et la théorie, admise jusqu'ici en cette matière, bouleversée. Mais, en présence des affirmations si catégoriques et comme indiscutables des Cours, unanimes sur ce point, nous étions dans une perplexité que l'on comprendra, si l'on songe à notre isolement absolu : la Cour de cassation, dans son arrêt du 1er décembre 1876, vient de donner raison à notre manière de voir et de condamner formellement la jurisprudence des Cours : c'est sous son autorité que nous nous plaçons et que nous développons avec plus de sécurité notre thèse.

Pour se conformer à l'article 2 et indiquer aux populations les dates des passages des commissions de classement, l'autorité administrative prend des arrêtés fixant ces dates ; les assujettis sont ainsi mis en demeure d'obéir à la loi, en conduisant ou faisant conduire devant les commissions leurs chevaux ou mulets. Ces arrêtés préfectoraux sont publiés et affichés en la forme ordinaire et, à raison du grand nombre d'assujettis, à raison aussi de la nécessité d'opérer promptement, ces arrêtés sont collectifs et concernent toute une catégorie d'habitants. Que cette forme de l'avertissement des préfets soit correcte et régulière, c'est ce qui nous semble hors de doute, en présence du silence de la loi qui ne détermine aucun mode spécial d'aver-

1. En ce sens, Toulouse, 16 avr. 1875, D. P., 75, 2, 238. — Agen, 5 et 19 juill. 1876, D. P., 76, 2, 149. — Rennes, 5 juill. 1876, 3 arrêts identiques, dont les motifs, relatifs à cette question, sont rapportés en note dans *La France judiciaire* du 15 janvier 1877, 2e partie, page 169.

tissement, et c'est ce qui a été décidé par l'unanimité de la jurisprudence[1] : c'est donc avec raison qu'ont été repoussées les prétentions de nombreux contrevenants qui soutenaient n'avoir pas été dûment convoqués parce que les arrêtés ne leur avaient pas été directement et personnellement notifiés[2]. Mais tout en reconnaissant la légalité de la forme et de la publicité de ces actes administratifs, les Cours d'appel, dans les arrêts que nous venons de citer en note, déclarent que l'inculpé peut échapper à l'amende en prouvant qu'il n'a pas connu l'arrêté préfectoral. Malgré notre respect pour leurs décisions, nous ne pouvons partager leurs convictions et nous pensons qu'au contraire les contrevenants ne sauraient alléguer leur bonne foi ou leur ignorance de l'arrêté du Préfet et être admis à la preuve de ces faits.

Nous avons démontré précédemment que l'infraction à l'article 2 constituait une contravention, exclusive de toute question de bonne foi, d'ignorance, d'oubli : par le fait seul que vous, propriétaire d'un cheval recensé, vous n'avez pas soumis cet animal à qui de droit, vous êtes passible de la pénalité de l'article 13, et ne venez pas arguer de votre ignorance de la loi elle-même ou de la date du passage de la Commission ! *Nemo censetur ignorare legem* : vous saviez que, chaque année, vous deviez soumettre votre cheval à l'inspection de Commissions de classement, à une date qui serait indiquée d'avance : que ne vous êtes-vous spontanément informé de cette date ? Que n'avez-vous pris vos précautions? La loi vous avertissait de ne pas rester dans l'ignorance : vous vous êtes absenté pendant les publications? Vous ne les avez pas connues? Il ne fallait pas vous absenter, il fallait les connaître : vous avez été négligent ; soyez puni de votre négligence, car vous avez commis une contravention. Voilà le raisonnement juridique qui nous paraît devoir être tenu au contrevenant : il est basé sur les principes généraux en matière de contravention. Quel argument y oppose-t-on? « La publication d'un avis administratif s'adressant à une catégorie d'habitants ne saurait établir contre eux la présomption *juris et de jure* qui s'attache à la promulgation des lois et règlements, mais il en résulte simplement une présomption de fait qui doit céder à la preuve ou à la présomption contraire. » Voilà l'argument unique, ou plus exactement, voilà l'affirmation de principe de la Cour de Toulouse (16 av. 1875, D. P. 1875, 2e, 238), et la Cour d'Agen, dans deux arrêts successifs (5 et 19 juill. 1876, D. P. 1876, 2e, 149), répète presque textuellement cette affirmation que

1. Cours Toulouse, 16 avr. 1875; Agen, 5 et 19 juillet 1876; Rennes, 5 juillet 1876, 3e chambre, arrêt inédit dont nous reproduisons le considérant relatif à cette difficulté : « Attendu que la loi n'a déterminé aucun mode spécial pour la forme de l'avertissement; qu'elle n'exige pas que cet avertissement soit donné d'une manière directe et individuelle à chacun des propriétaires intéressés; que la notification peut être collective; qu'elle peut régulièrement se faire par voie d'affiches ou par tous autres modes de publicité; qu'à cet égard la loi s'en rapporte à la prudence de l'autorité administrative, laquelle doit procéder suivant les usages reçus en pareille matière pour porter à la connaissance des habitants de sa commune les jour, heure et lieu de la réunion de la commission de classement. — Voir encore Cass. crim. 1er décembre 1876. — *France judiciaire* du 15 janvier 1877, 2e partie, pag. 169.

s'approprie également la Cour de Rennes (5 juillet 1876, 3e Chambre, arrêt inédit). « .....Attendu que l'avertissement a été ainsi légalement publié dans la commune de Paramé : d'où il résulte la présomption que la convocation y a été connue de tous les intéressés, présomption qui ne pouvait fléchir que devant la preuve ou du moins devant la présomption contraire. »

Sur quels motifs se fondent les Cours pour déclarer que la publication d'un arrêté administratif ne constitue qu'une présomption de fait cédant à une présomption contraire? Les arrêts ne le disent pas et il nous est difficile de les trouver.

Il a toujours été admis, en doctrine et en jurisprudence, que les arrêtés administratifs réguliers, pris en vertu de dispositions légales, et portant sur des matières d'administration ou de police, créent des prescriptions auxquelles on doit se conformer, pourvu que ces arrêtés soient dûment publiés, sans pouvoir exciper de son ignorance, de même qu'on ne peut alléguer son ignorance de la loi ou d'un décret. La présomption qui découle de la promulgation des lois et décrets, en tant que force obligatoire, est une présomption invincible comme celle qui résulte de la publication régulière d'un arrêté d'un préfet ou d'un maire : aussi, en ce qui concerne le mode de publication de ces actes administratifs, a-t-il été toujours reconnu qu'on devait, par identité de motifs, suivre les règles tracées par l'avis du Conseil d'État du 25 prairial an XIII pour la publication des décrets impériaux non susceptibles d'être insérés au Bulletin des lois, c'est-à-dire qu'il fallait les porter à la connaissance du public par affiches ou publications (Cass. crim., 12 avril 1861, Bull. 1861, n° 80). L'assimilation est complète.

Sans doute, considéré en lui-même, l'arrêté d'un préfet ou d'un maire ne peut avoir la même force obligatoire que la loi; mais, en réalité, tout arrêté *légal* administratif a sa source dans la loi même dont il est, pour ainsi dire, un article. De même que le législateur délègue souvent le chef de l'Etat à l'effet de prendre, dans un décret, des mesures de détail ou de créer des obligations, corollaires d'une loi qu'il vient d'adopter, de même il délègue, dans certains cas et directement, l'autorité administrative dans le but de pourvoir à des besoins ou à des intérêts restreints, indignes d'attirer son attention : le décret, l'arrêté empruntent leur force obligatoire à la loi dont ils émanent : la présomption est la même, ou plutôt il n'y en a qu'une, celle de la loi. C'est ainsi que les maires ont le droit de faire des arrêtés de police, dans certaines conditions : dira-t-on que, lorsque ces arrêtés ont été régulièrement publiés, il n'y a qu'une présomption de fait et que le contrevenant peut être admis à prouver son ignorance de leur existence ? Mais l'étranger lui-même à la localité pour laquelle l'arrêté a été pris ne saurait être fondé à produire une telle allégation (Cass. crim. 30 mai 1857, Bull. 1857, n° 213) Pourquoi reconnaît-on unanimement que cette excuse est illégale et que la présomption qui résulte de l'arrêté municipal est une présomption *juris et de jure?* Est-ce que cette présomption existe dans l'arrêté lui-même, en vertu du pouvoir propre du maire? Evidemment non. Le maire n'est qu'un mandataire, qu'un délégué qui puise le pouvoir de faire des arrêtés de police dans la loi du 15 août 1790 (titre XI, art. 3.), et son acte, n'étant qu'une émanation de cette loi, emprunte à la loi sa force obligatoire avec les présomptions qui peuvent en résulter. Ces principes s'appliquent à toutes les matières, aussi bien à celles du Code pénal qu'à celles régies par des lois spéciales : le Code pénal délègue, implicitement ou explicitement dans une foule de cas, l'autorité administrative, à l'effet de prendre des arrêtés de police ou d'administration destinés à compléter la loi ou à en assurer la parfaite exécution. (Art. 319, 457, 461, 471 etc.) Est-il possible de soutenir, et a-t-on jamais soutenu, que ces arrêtés d'administration ou de police ne créaient qu'une présomption de fait? Les tribunaux répressifs ont-ils jamais admis les contrevenants à prouver qu'ils ne connaissaient pas ces arrêtés? Et dans les matières spéciales, en matière de chasse par exemple, l'arrêté du préfet pris pour l'exécution de l'article 3 de la loi du 3 mai 1844 (ouverture et clôture de la chasse) peut-il, au point de vue de la fiction légale, être ignoré du public, dès lors qu'il a été dûment publié? Nous pourrions multiplier les exemples, tant est constante, en jurisprudence et en doctrine, la thèse que nous soutenons : que l'arrêté soit collectif, qu'il soit individuel, qu'il soit partiel, qu'il soit général, s'il est d'ailleurs légal, si sa publication est régulière, nul ne peut arguer de son ignorance.

Jusqu'à l'arrêt de la Cour de Toulouse, ces principes n'avaient jamais été mis en doute, et nous nous demandons pourquoi, appliqués constamment, même depuis cet arrêt, par toutes les Cours, dans toutes les matières, ils sont repoussés par les arrêts que nous avons cités, lorsqu'il s'agit de la loi du 1er août 1874. Les Cours n'indiquent pas la cause de la distinction qu'elles établissent : serait-ce parce que l'article 2 ne délègue pas expressément l'autorité administrative à l'effet de déterminer les dates des passages des Commissions? Mais, dans les mêmes arrêts, les Cours reconnaissent que les arrêtés sont compétemment et régulièrement pris, que les préfets seuls ont qualité pour indiquer les dates des passages des Commissions. Il est inutile de rechercher plus longtemps les motifs de cette distinction entre tous les arrêtés légaux de l'autorité administrative et ceux qui sont pris par elle pour assurer l'exécution de la loi du 1er août 1874 : disons-le, il n'y en a pas, et c'est avec raison que la Cour de cassation dans son arrêt du 1er décembre 1876 proclame que, de même que les décrets impériaux non susceptibles d'être insérés au Bulletin des lois sont obligatoires, dès qu'ils ont été publiés (avis du Conseil d'État du 25 prairial an XIII), de même les arrêtés administratifs — individuels, collectifs ou généraux — sont obligatoires lorsqu'une publicité analogue leur a été donnée : « Attendu que cette disposition (l'avis du Conseil d'État), s'applique par identité de raison aux arrêtés des maires et préfets; que la loi du 1er août 1874 n'y déroge pas, en ce qui concerne les arrêtés pris par les préfets pour l'exécution de son article 2; que celui du préfet de la Drôme, du....., publié à..... ainsi qu'il a été dit plus haut — (c'est-à-dire publication à son de caisse et affiches), — y a été rendu obligatoire par cette publication. »

Ainsi donc, puisque la loi du 1er août 1874 n'a pas apporté une exception formelle, précise, aux principes généraux de la force obligatoire des actes administratifs, puisque rien dans cette loi ne révèle une intention particulière du législateur, appliquons donc les principes de droit commun et le vieil adage : *ubi lex non distinguit, nec nos distinguere debemus.* Ne créons pas d'exception, ni d'excuse lorsque la loi ne le décide pas.

Aussi, lorsque l'arrêt précité, après avoir montré que la loi du 1er août 1874 ne déroge en rien à ces principes, ajoute que « lorsque des arrêtés ont été légalement publiés, ceux qui ne s'y conforment pas encourent, bien qu'ils en aient ignoré l'existence, les peines édictées par la loi, » il ne fait que reproduire la doctrine constante de la Cour de cassation résultant d'une foule de décisions et spécialement de l'arrêt du 1er juin 1876 (Cass. crim., *Bull.* n° 130 et les arrêts cités en note.)

Concluons donc de tout ce qui précède que, contrairement à la jurisprudence actuelle des Cours qui, nous l'espérons, se rallieront à celle de la Cour suprême, les propriétaires des chevaux et mulets ne peuvent être admis à prouver qu'ils ont ignoré l'arrêté préfectoral. Cette conclusion, basée sur les théories juridiques inattaquables que nous venons d'exposer a, en outre, l'avantage d'éviter aux juges l'examen très-délicat et très-périlleux des preuves servies par les contrevenants : en pratique, en admettant le sytème des Cours, la plupart des inculpés demanderont à prouver leur ignorance de l'arrêté : ils produiront des témoins qui affirmeront que, lors des publications, les contrevenants étaient absents, qu'ils étaient malades, qu'ils sont sourds ou ne savent pas lire, etc., et, en présence de ces déclarations, que feront les Tribunaux ? pleins d'hésitation, ils jugeront comme l'a fait la Cour de Toulouse dans l'arrêt du 16 avril 1875 où se manifeste l'indécision forcée des magistrats : « Attendu à la vérité que la publicité donnée à l'avis du maire, pendant deux dimanches consécutifs rend peu vraisemblable l'ignorance alléguée, mais que cette invraisemblance n'est qu'une simple présomption qui doit céder à la présomption contraire résultant de l'absence du contrevenant, » et les inculpés seront acquittés. Qui ne voit le danger de ce système ? Et que devient cette volonté du législateur sur laquelle nous insistons parce qu'elle doit tout dominer dans l'interprétation de la loi ? Que devient la loi du 1er août 1874 elle-même, qui veut frapper à coups sûrs ceux qui ne s'y conforment pas ? Nous ne craignons pas d'affirmer que, si par cela seul que l'on prouve son absence pendant les époques des publications et des affiches, on est en voie de relaxe — et remarquons bien que c'est là qu'aboutit la jurisprudence que nous ne pouvons admettre.[1] — près de la moitié des contrevenants à l'article 2 échapperont à toute répression : que l'on songe à la quantité de cultivateurs ne sachant pas lire, vivant dans les fermes isolées, loin du chef-lieu communal, ne s'occupant jamais des choses étrangères à leur vie de chaque jour, que l'on suppute le nombre de per-

1. Voir les arrêts précités des Cours de Toulouse et d'Agen.

sonnes dont les professions nécessitent des absences et des déplacements incessants — voyageurs de commerce, inspecteurs de toutes sortes, etc., — et l'on ne tardera pas à se convaincre de la réalité des craintes que nous exprimons. Au contraire, le système de la Cour de cassation, en coupant court à toutes ces difficultés, a des résultats pratiques dont l'utilité n'échappe à personne.

Nous avons dit que le fait matériel seul de ne pas se conformer à l'article 2 et à l'arrêté préfectoral rendait passible le contrevenant des pénalités de l'article 13, quelle que soit la cause de sa faute : toutefois il est incontestable que l'article 64 du Code pénal s'applique à notre matière, comme à toutes les matières criminelles, correctionnelles ou de simple police, et que la force majeure est une excuse légale que le propriétaire des chevaux peut invoquer : mais dans ce cas, le Tribunal doit énoncer dans sa décision les circonstances qui, selon lui, présentent les caractères juridiques de ce moyen de défense[1].

Nous n'avons pas la prétention d'indiquer toutes les questions qui sont nées ou qui peuvent naître de la loi du 1er août 1874; elles sont nombreuses et leurs solutions présentent quelquefois des difficultés qui sont dues en général, il faut bien le reconnaître, soit à l'obscurité, soit aux lacunes de la loi; nous pensons cependant que les principes s'appliquant à l'ensemble de la loi que nous avons développés jusqu'ici peuvent contribuer à donner les solutions vraies aux questions accessoires, et nous nous bornerons à exposer celles qui se présentent le plus fréquemment.

I. Y a-t-il lieu d'appliquer l'article 365 du Code d'instruction criminelle aux infractions prévues par la loi du 1er août 1874?

En ce qui concerne le délit de fausses déclarations réprimé par l'art. 13, § 2, la question ne soulève pas d'objection sérieuse : il s'agit là d'un véritable délit qui n'existe que lorsque le fait est uni à l'intention frauduleuse, et, dès lors, le principe du non-cumul des peines reçoit son entière application. Mais la solution est plus délicate si l'on se met en présence des autres infractions contraventionnelles créées par cette loi et spécialement de l'infraction à l'article 2. C'est, en effet, un point fort controversé que celui de savoir si les délits contraventionnels édictés par des lois particulières, postérieures au Code pénal, tombent sous la règle de l'article 365 du Code d'instruction criminelle. Doit-on assimiler ces infractions matérielles aux contraventions de simple police et déclarer que l'article 365 leur est inapplicable? Ou bien faut-il dire qu'elles font partie, au point de vue du cumul des peines, de la catégorie des délits et qu'il convient de leur appliquer le principe de l'article 365? La jurisprudence et la doctrine sont remplies à cet égard de décisions contradictoires, et il ne semble pas que la controverse soit éteinte sur ce sujet; quoi qu'il en soit, on paraît généralement considérer aujourd'hui que le principe du non-cumul s'applique à toutes

1. Voir Cass. crim. *Bull.* 1864, n° 195; 1868, n° 241; 1867, n° 223.

les matières spéciales, antérieures ou postérieures aux Codes criminels, qu'il s'agisse d'amendes ou de peines corporelles. « L'article 365, dit la Cour de cassation dans un arrêt de rejet du 2 juin 1838, est une disposition générale sur la pénalité..... Le principe de la non-cumulation des peines est applicable dans tous les cas où il n'est pas fait une exception formelle au droit commun. »

Les limites que nous nous sommes imposées ne nous permettent pas d'examiner, avec les développements qu'elle comporte, cette controverse : nous adoptons pleinement le système de la Cour de cassation dans lequel elle a persévéré, ainsi qu'il résulte de ses arrêts, notamment de ceux du 26 juillet 1855 (D. P. 55, 1, 380), 14 janvier 1875 (D. P. 75, 1, 281) et enfin 28 janvier 1876 (D. P. 76, 1, 329) et nous renvoyons nos lecteurs à la lecture de ces documents[1]. Nous admettons donc qu'en cas d'infractions multiples et distinctes à la loi du 1er août 1874, une seule amende sera prononcée conformément à l'article 365; cette loi « n'apporte pas, en effet, d'exception formelle au droit commun » et, d'autre part, l'amende édictée par l'article 13 est une pénalité réelle que la nature de la loi ne permet pas de considérer comme ayant le caractère d'une réparation civile. Cette dernière observation répond à cette objection que la cumulation des peines a lieu lorsqu'il s'agit d'une amende ayant le caractère de réparation civile, comme en matière de douanes, de délits forestiers, de pêche fluviale, etc... Notre matière n'a aucune analogie avec ces matières fiscales et rien n'autorise à donner à l'amende de l'art. 13 la nature d'une réparation civile[2].

II. La loi, dans l'art. 13, § 1, frappe d'une amende les *propriétaires* de chevaux et mulets : quelle portée convient-il d'attribuer à ce mot : *propriétaire?* S'agit-il ici du propriétaire dans le sens juridique (art. 544 et suiv. du Code. civ.), ou bien du détenteur à un titre quelconque, du possesseur des chevaux, du propriétaire dans le sens employé dans le monde (commodat, gage, cheptel, etc...)?

Dans la pratique, un grand nombre de chevaux mis en gage, prêtés, loués etc... ont été recensés non pas au nom des propriétaires réels mais au nom des possesseurs actuels : dès lors les procès-verbaux étaient dressés non contre les propriétaires contrevenants à l'art. 2, mais contre les détenteurs. Cette manière de procéder nous semble irrégulière, et les propriétaires seuls doivent être rendus responsables de leur négligence. Rien, ni dans le texte ni dans la discussion de la loi, n'autorise à donner au mot *propriétaire* un sens extensif qu'il n'a pas dans le langage juridique et l'on doit, en conséquence, présumer que le législateur de 1874 a eu conscience du sens propre du terme qu'il a employé. C'est au proprié-

1. Voir aussi dans Dalloz, année 1876 (1. 329), les notes très-complètes de l'arrêtiste qui résume la discussion et indique l'état de la jurisprudence.

2. Voir, par analogie de motifs : Crim. cass., *Bull.*, 1865, n° 22; 1873, n° 42; 1861, n° 60; 1864, n° 9; 1861, n° 259.

taire à remplir les obligations qui résultent de son droit de propriété et non au simple possesseur que le texte de l'article 13, § 1, ne nomme ni explicitement ni implicitement. Remarquons au contraire les termes généraux du § 2 de ce même article 13 : « ceux qui auront fait sciemment de fausses déclarations... » *Ceux qui*, c'est-à-dire, toute personne, propriétaire ou possesseur qui aura fait des déclarations mensongères : ce paragraphe atteint le délit de fausses déclarations faites soit lors du recensement, soit lors du classement, soit enfin lors de la mobilisation des animaux assujettis, de quelques personnes qu'elles émanent : ainsi le cheptelier qui serait pour un motif quelconque interrogé pendant le recensement, et qui dissimulerait frauduleusement l'âge ou une tare d'un animal soumis à la loi se rendrait passible de l'amende du § 2 de l'art. 13, comme le propriétaire de ce même animal qui se rendrait complice de la fraude en confirmant les déclarations fausses du cheptelier.

III. Le propriétaire qui a vendu son cheval recensé et qui en a acheté un autre non recensé, est-il tenu de présenter ce deuxième animal à la place du premier, à la commission ?

Le ministère de la guerre résout affirmativement cette question[1]; mais cette solution ne nous paraît pas pouvoir être admise. Les termes de l'art. 2 sont, à cet égard, aussi nets et aussi explicites que possible : il n'y est question que des chevaux et mulets *recensés*, et s'il est vrai, comme nous l'avons exposé au début de ces notes, qu'il importe d'interpréter logiquement la loi, il ne faut pas, surtout lorsqu'il s'agit d'une loi contraventionnelle, aller au-delà du texte et chercher le *quid utilius* au lieu du *quid in lege*. Or, nous le répétons, il suffit de jeter les yeux sur le texte de l'art. 2 pour se convaincre que les commissions mixtes n'ont qu'un pouvoir, celui d'inspecter et de classer « les chevaux, juments, mulets et mules recensés » : donc les propriétaires doivent conduire devant les commissions les chevaux et mulets recensés » et seulement les chevaux *recensés*. C'est ici le cas de dire, avec le tribunal de Nevers, que les sanctions pénales ne peuvent s'appliquer qu'à des obligations nettement exprimées. Où est écrite l'obligation que le ministère de la guerre voudrait imposer aux propriétaires qui ont vendu leur cheval recensé et qui en ont acheté un autre non recensé? Pourquoi rendre à ce propriétaire la loi plus lourde qu'à tous les autres? Voici un cheval non recensé : il est incontestable que n'étant pas soumis au classement, je puis m'abstenir de le conduire devant la commission, et, parce que j'aurais été propriétaire d'un cheval recensé et qu'usant de mon droit, je l'aurais vendu à un tiers — qui, lui, sera tenu de le présenter à la commission — la situation serait changée? Le cheval non assujetti à la loi, qui est entré dans mes écuries, va tomber sous l'application de l'art. 2? Il deviendra assujetti non en vertu d'un texte, non parce qu'il appartiendra à une catégorie formée par la loi, mais uniquement à cause du

1. Voir circ. min. justice, 27 mars 1876 (*Bull. off. min. just.*, p. 55).

contrat de vente qui aura eu lieu? De telle sorte, qu'au lieu d'un seul, deux chevaux seraient susceptibles d'être classés et mobilisés: celui qui a été vendu et qui, recensé, doit être classé; celui qui a été acheté et qui, bien que non recensé, serait, aussi lui, compris dans le classement.

Ce système nous semble trop contraire au texte de l'art. 2 et à la raison et doit être rejeté.

IV. Le propriétaire d'un cheval recensé, qui a transporté son domicile dans une autre commune avant les opérations de la commission de classement, doit-il ramener l'animal à son ancienne demeure pour le présenter à la commission?

On a soutenu l'affirmative, en prétendant que les animaux présentés à une commission devaient avoir été recensés dans la même circonscription, mais, ainsi que le fait justement observer la circulaire du 27 mars 1876, du ministère de la justice, l'art. 2 de notre loi ne contient nullement cette obligation. Pour nous, la négative est évidente. L'art. 2 impose l'obligation de soumettre aux commissions les chevaux recensés : il ne détermine pas quelles commissions devront inspecter les chevaux; il oblige seulement à présenter les animaux recensés. Nous répéterons ce que nous avons écrit plus haut : recherchons le *quid in lege*, ne rendons pas plus onéreuse une loi déjà lourde par elle-même, ne créons pas d'infractions que le législateur n'a pas créées et rappelons-nous que, dans la loi qui nous occupe, sa préoccupation constante, se révélant dans le rapport, l'exposé des motifs, la discussion est de rendre les obligations nouvelles qu'il édicte « le moins dures possible. »

Il existe une analogie frappante entre le fait du propriétaire qui change de domicile avec son cheval recensé et non encore classé, et le fait du citoyen faisant partie de la réserve de l'armée active qui, lui aussi, change de domicile : la loi laisse le réserviste libre d'aller habiter où bon lui semble : la seule formalité qu'il a à remplir est de déclarer ce changement de domicile, et alors il fait partie du corps d'armée qui comprend dans sa circonscription la région nouvelle où l'assujetti vient d'établir son domicile. Pourquoi la loi, qui n'impose pas au soldat de la réserve l'obligation de rejoindre son ancien corps au lieu de réunion du pays qu'il a habité, se montrerait-elle plus exigeante pour le propriétaire d'un animal recensé et forcerait-elle à le ramener dans la commune où il a été classé, commune souvent fort éloignée de sa demeure actuelle? Et remarquons que, dans la loi du 1er août 1874, nous trouvons partout proclamée la liberté complète des propriétaires de chevaux et mulets de vendre leurs animaux, de les déplacer, à plus forte raison de changer de domicile, et cela sans la déclaration préalable exigée du réserviste. En présence de ces déclarations, serait-il juste de contraindre un propriétaire dont le nouveau domicile est peut-être à deux cents kilomètres de son ancienne demeure à soumettre ses chevaux à la commission chargée d'inspecter au lieu du premier domicile?

Il est certain, d'ailleurs, que le propriétaire *domicilié* dans une commune qui ne présente pas ses chevaux dans sa commune ou dans celle qui est indiquée ne peut échapper à l'amende en les conduisant ultérieurement devant la commission dans une autre commune ; cette solution n'est pas douteuse et n'est, en quoi que ce soit, en contradiction avec celle que nous venons de donner relativement au propriétaire qui change de domicile. La règle peut se résumer ainsi : c'est devant la commission de son domicile que l'on doit présenter les chevaux assujettis [1].

V. Lorsqu'un cheval ou un mulet a été réformé définitivement par la commission de classement pour tares permanentes, les propriétaires sont-ils tenus de représenter à l'avenir ces animaux ?

La négative, contestée d'abord, ne semble plus douteuse aujourd'hui et le ministère de la guerre lui-même a déclaré « que les animaux atteints de tares qui les rendent impropres à tout service sont définitivement éliminés » (circ. minis. du 23 oct. 1874) ; et plus explicitement « que, pour les animaux définitivement impropres à tout service militaire, les propriétaires seront dispensés de les représenter à l'avenir. » (Circ. minis. du 29 av. 1876). Ces instructions ministérielles nous semblent donner une interprétation de la loi aussi large que rationnelle et conforme à son esprit ; elles ne font que développer le principe déposé dans l'article 5 de la loi du 24 juillet 1873 et dont les conséquences, ainsi que nous l'avons exposé dans notre premier article, ont été nettement et législativement tirées par la loi que nous étudions. Cet article 5, prescrivant le recensement des chevaux et mulets ajoute, en effet, qu'il ne doit comprendre que « les chevaux susceptibles d'être utilisés pour les besoins de l'armée. » L'article 1 de notre loi, qui organise le recensement, le fait dans les conditions mêmes de l'article 5 de la loi de 1873, c'est-à-dire, qu'il ne vise que les chevaux aptes à être utilisés dans les services de l'armée et exclut ceux que les tares permanentes, constatées par une commission de classement, rendent impropres à la guerre. Et remarquons qu'il importe peu que, par erreur ou pour tout autre motif, le cheval réformé ait été recensé par le maire : la loi exemptait ce cheval du recensement et le propriétaire ne saurait supporter les conséquences de l'erreur ou de l'illégalité commise par le maire.

C'est ce que la Cour d'Agen, dans son arrêt du 5 juillet 1876, a décidé avec raison, en ajoutant que, le recensement n'était qu'une indication générale fournie par les maires, indication qui ne saurait prévaloir contre les décisions antérieures des commissions d'inspection et de classement.

En résumé, les formules de la loi du 1er août 1874 sont souvent peu juridiques et manquent quelquefois de la précision que devrait toujours apporter le législateur dans la rédaction des lois ; de là les lacunes, les obscurités que nous avons fait remarquer. Mais, telle qu'elle est, cette

1. En ce sens, Agen, 19 juillet 1876 (arrêt précité).

loi réalise un progrès incontestable sur la législation antérieure relative au droit de réquisition de l'État et, si elle impose au pays des charges nouvelles, il ne faut pas oublier que ces charges ont pour résultat de nous mettre à même de résister, si l'occasion se présentait, dans des conditions égales aux autres nations de l'Europe, chez lesquelles existent des lois et une organisation semblables. Si les obligations nouvelles ont pu, au début du fonctionnement de la loi, surprendre les populations rurales; si le nombre des procès-verbaux dressés contre les contrevenants a été relativement considérable, ce n'est ni au mauvais vouloir, ni à l'absence de patriotisme qu'il faut attribuer ces infractions; il est permis d'affirmer que c'est par ignorance des devoirs créés par la loi nouvelle, peut-être par incurie, que des contraventions ont été commises; mais peu à peu la loi pénètre dans les mœurs; sa portée n'est plus exagérée, son utilité est appréciée et la publicité des arrêtés administratifs fixant les dates des passages des commissions devient, par la pratique, de plus en plus complète. Nous faisons des vœux pour que cette publicité ait lieu de la manière la plus large et que les maires, comprenant, et la responsabilité morale qui leur incombe, et le sens de la loi [1], ne se contentent plus des seules publications légales, absolument insuffisantes, en fait, dans les communes rurales. Lorsque la publicité sera effective et sérieuse, les contrevenants deviendront excessivement rares.

1. Nous avons vu le maire d'une commune fort importante qui s'était cru le pouvoir d'accorder des dispenses de « présentation de cheval » (*sic*) à la commission de classement, à tous ses administrés : il y en eut fort peu à conduire leurs chevaux à la commission, à cause des dispenses données par le maire.

Fontainebleau. — M. E. Bourges imp. breveté.

www.ingramcontent.com/pod-product-compliance
Ingram Content Group UK Ltd.
Pitfield, Milton Keynes, MK11 3LW, UK
UKHW020445220726
13923UKWH00005B/2354

9 782019 654511